湯浅讓二

ピアノのための

プロジェクション・トポロジク

JOJI YUASA
PROJECTION TOPOLOGIC

for piano

SJ 1139

SCHOTT

ピアノのための《プロジェクション・トポロジク》は1959年8月19日に東京でおこなわれた「20世紀音楽研究所第3回現代音楽祭」で、園田高弘によって初演された。
掲載の楽譜は、音楽之友社の出版物（1974年発行）をもとに、作曲者がおこなった校訂版である。

演奏時間——7分

Projection Topologic for piano was first performed by Takahiro Sonoda at "The 3rd Festival of Contemporary Music" organized by the Institute of Twentieth Century Music in Tokyo on August 19, 1959.
This is a revised edition by the composer, based on the score published by ONGAKU NO TOMO SHA CORP. in 1974.

Duration: 7 minutes

SYMBOL :

$\oplus$ = damp the tone with the damper pedal, not with the key(s)

PROJECTION TOPOLOGIC
プロジェクション・トポロジク
for piano

Joji Yuasa
湯浅譲二

Projection 1

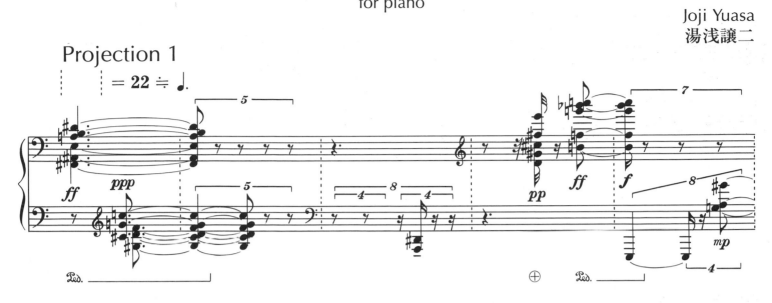

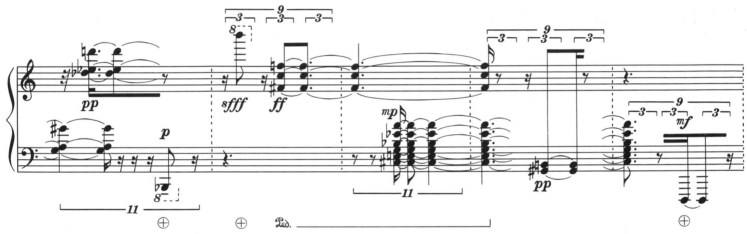

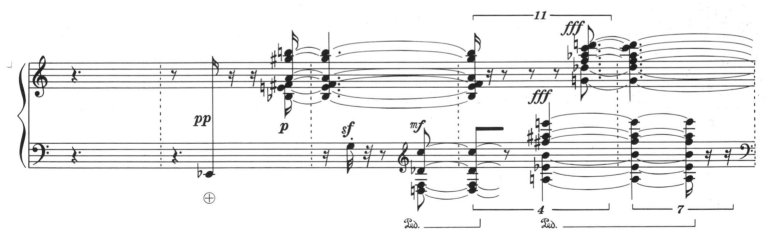

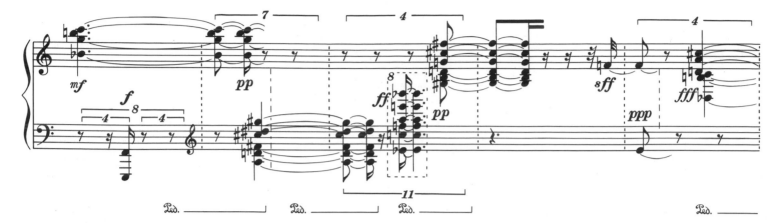

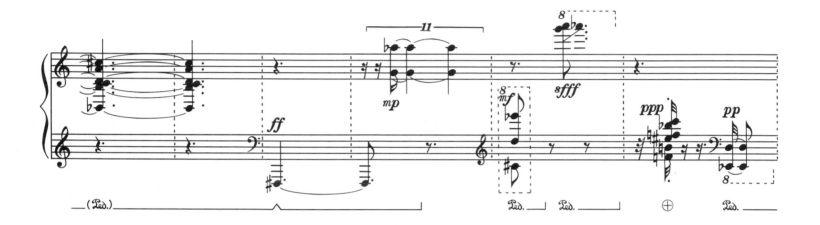

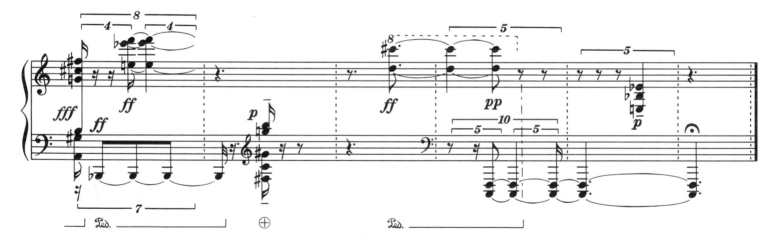

Projection 2

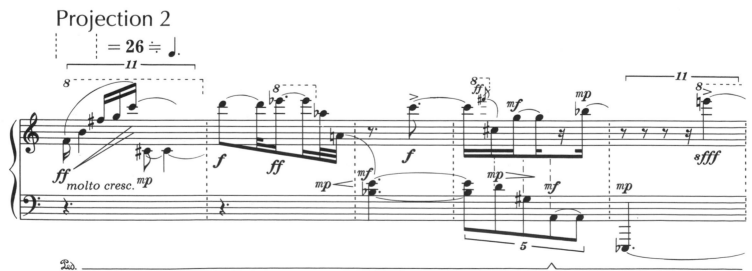

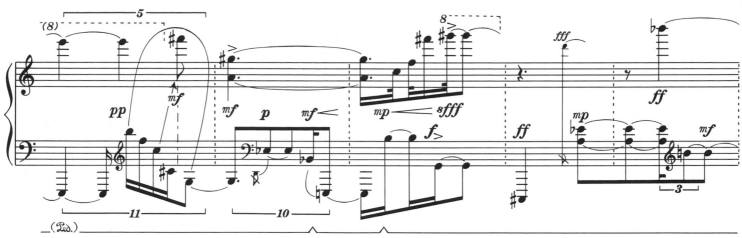

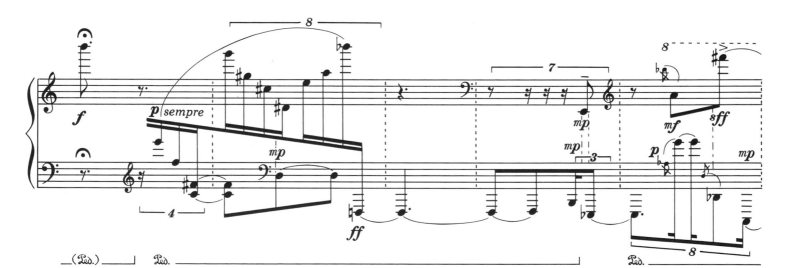

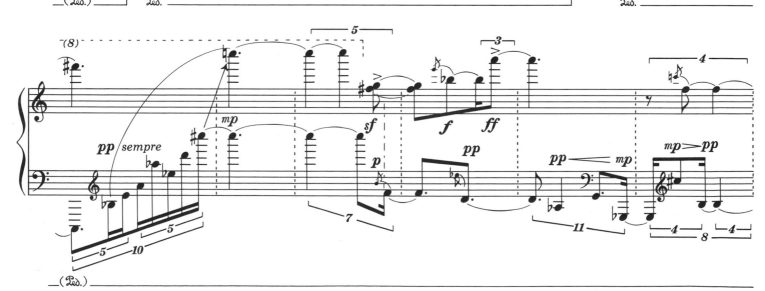

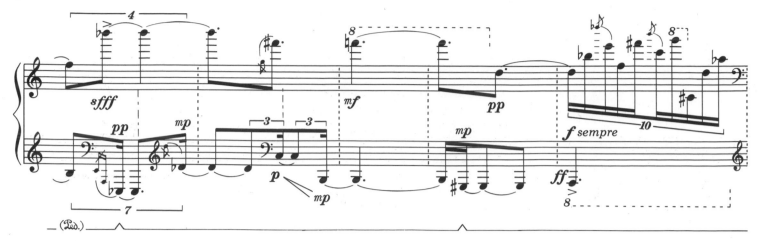

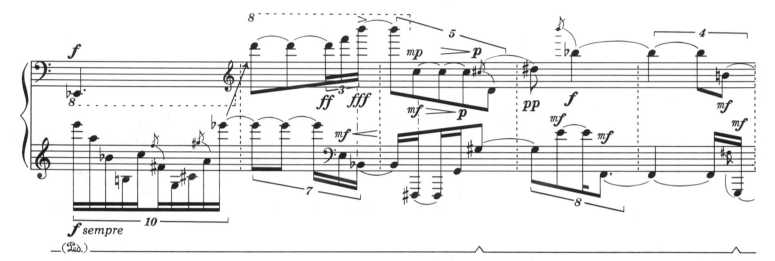

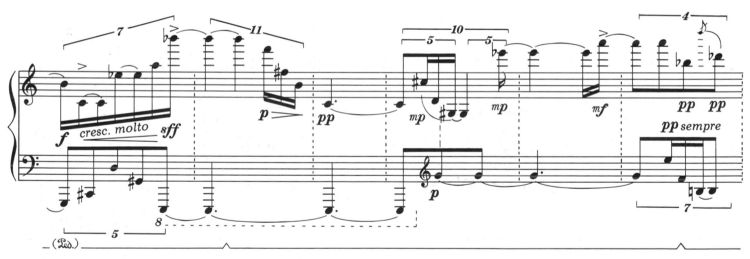

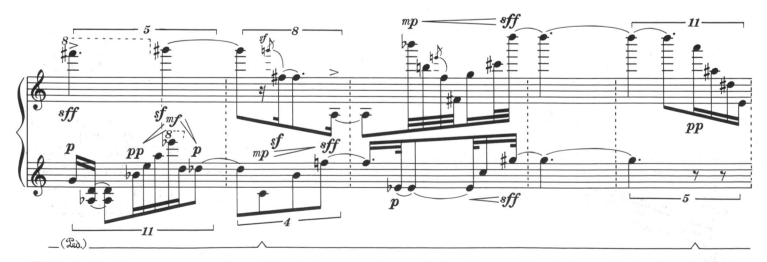

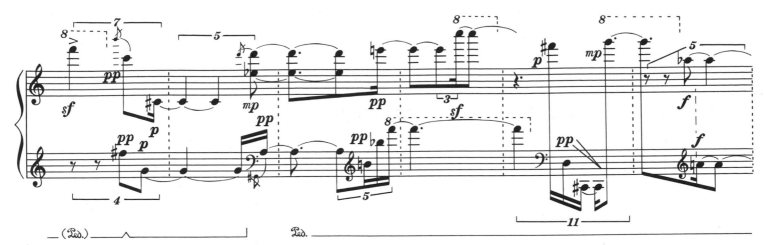

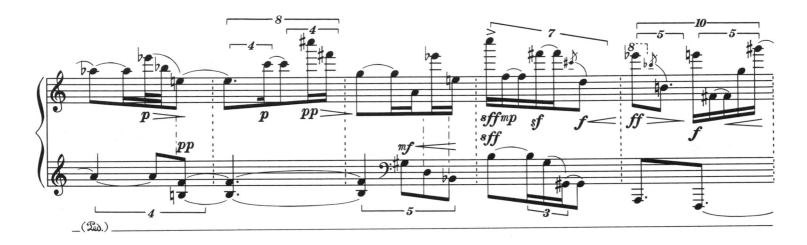

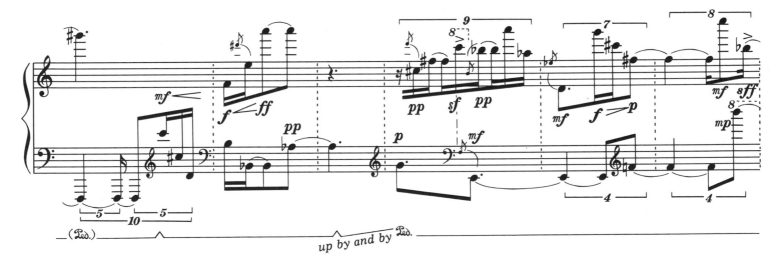

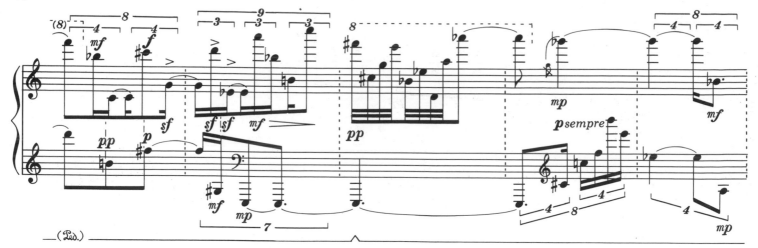

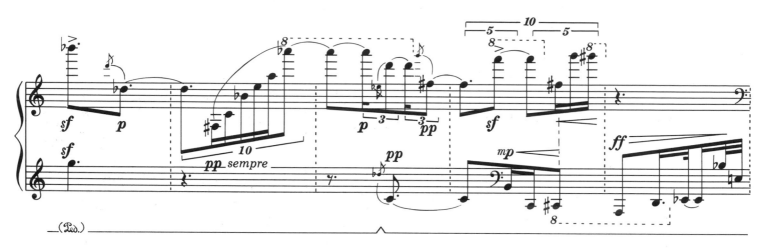

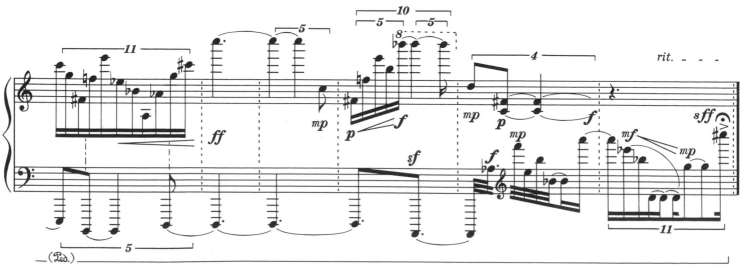

Projection 3

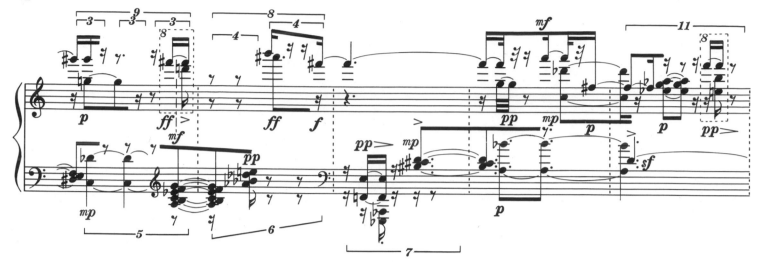

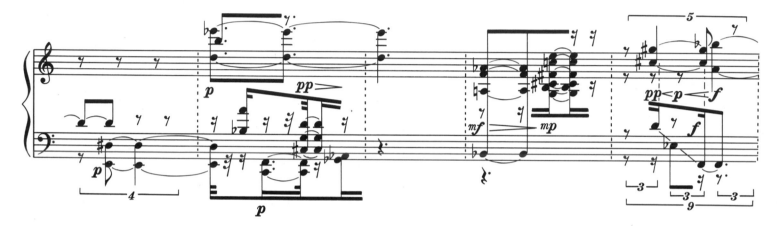

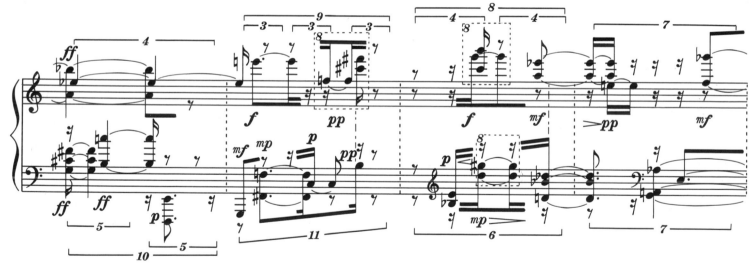

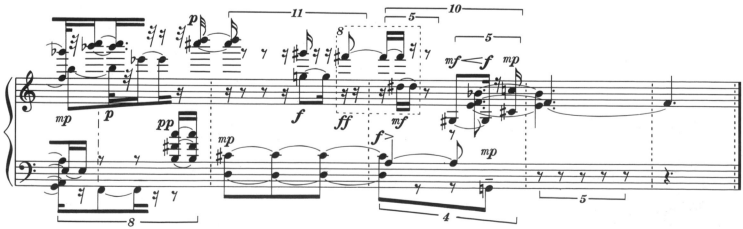

湯浅譲二
JOJI YUASA (1929-)

ピアノ　PIANO

オン・ザ・キーボード
On the Keyboard
for piano . . . SJ 1140 . . . 800円

内触覚的宇宙
Cosmos Haptic
for piano . . . SJ 1138 . . . 800円

内触覚的宇宙Ⅱ・トランスフィギュレーション
Cosmos Haptic Ⅱ - Transfiguration -
for piano . . . SJ 1034 . . . 1000円

プロジェクション・トポロジク
Projection Topologic
for piano . . . SJ 1139 . . . 800円

メロディーズ
Melodies
for piano . . . SJ 1141 . . . 800円

管楽器　WIND INSTRUMENT(S)

ドメイン
Domain
for flute solo . . . SJ 1002 . . . 1000円

舞働Ⅱ まいばたらき
Mai-Bataraki Ⅱ
for alto flute . . . SJ 1043 . . . 1000円

礼楽 －尹伊桑の追憶に－
Reigaku - In Memoriam Isang Yun -
for alto flute . . . SJ 1137 . . . 900円

クラリネット・ソリテュード
Clarinet Solitude
SJ 1015 . . . 1500円

タームズ・オヴ・テンポラル・ディーテイリング
－ D. ホックニーへのオマージュ －
Terms of Temporal Detailing -A Homage to David Hockney-
for bass flute . . . SJ 1062 . . . 1600円

打楽器　PERCUSSION

相即相入第二番
Interpenetration No.2
for two percussionists . . . SJ 1021 . . . 2000円

弦楽器　STRING INSTRUMENT(S)

マイ・ブルー・スカイ第3番
My Blue Sky, No.3
for violin solo . . . SJ 1001 . . . 1500円

ヴィオラ・ローカス
Viola Locus
for viola solo . . . SJ 1109 . . . 1600円

弦楽四重奏曲のためのプロジェクションⅡ
Projection for String Quartet Ⅱ
SJ 1127 (score & parts) . . . 4000円

室内楽　ENSEMBLE

ソリテュード・イン・メモリアムT. T.
Solitude in Memoriam T.T.
for violin, violoncello and piano . . . SJ 1106 (score & parts) . . . 3000円

冬の日・芭蕉讃
A Winter Day - Homage to Bashō -
for flute, clarinet in B♭, percussion, harp and piano . . . SJ 1028 . . . 1400円

声／合唱　VOICE / CHORAL MUSIC

声のための「音楽」 オトガク
Phonomatopoeia
for mixed voices . . . SJ 1128 . . . 2000円

天気予報所見
Observations on Weather Forecasts
for Baritone and trumpet . . . SJ 1029 . . . 1200円

オーケストラ　ORCHESTRA

ヴァイオリン協奏曲 －イン・メモリー・オヴ・武満徹－
Violin Concerto -In Memory of Toru Takemitsu-
SJ 1111 . . . 5300円

始源への眼差Ⅱ
Eye on Genesis Ⅱ
for orchestra . . . SJ 1116 . . . 4300円

啓かれた時
Revealed Time
for viola and orchestra . . . SJ 1063 . . . 8000円

日本ショット株式会社
東京都千代田区飯田橋2-9-3　かすがビル2階　〒102-0072
電話 (03) 3263-6530　ファクス (03) 3263-6672

SCHOTT JAPAN COMPANY LTD.
Kasuga Bldg., 2-9-3 Iidabashi, Chiyoda-ku, Tokyo 102-0072
Telephone: (+81) 3-3263-6530 Fax: (+81) 3-3263-6672

（価格に、消費税は含まれていません。）

現代の音楽
MUSIC OF OUR TIME

PIANO
ORGAN
HARPSICHORD

武満 徹　　Toru Takemitsu (1930-1996)

雨の樹 素描
Rain Tree Sketch
for piano . . . SJ 1010 . . . 800円

雨の樹素描 II　-オリヴィエ・メシアンの追憶に-
Rain Tree Sketch II - In Memoriam Olivier Messiaen -
for piano . . . SJ 1072 . . . 900円

こどものためのピアノ小品とロマンス
『微風』、『雲』、『ロマンス』
Piano Pieces for Children and Romance
"Breeze," "Clouds" and "Romance"
for piano . . . SJ 1123 . . . 1000円

閉じた眼 II
Les yeux clos II
for piano . . . SJ 1056 . . . 1200円

夢みる雨
Rain Dreaming
for harpsichord . . . SJ 1032 . . . 1200円

リタニ　-マイケル・ヴァイナーの追憶に-
Litany - In Memory of Michael Vyner -
for piano . . . SJ 1057 . . . 1200円

細川俊夫　　Toshio Hosokawa (1955-)

雲景
Cloudscape
for organ . . . SJ 1125 . . . 1200円

夜の響き
Nacht Klänge
for piano . . . SJ 1102 . . . 800円

一柳 慧　　Toshi Ichiyanagi (1933-)

インター・コンツェルト
Inter Konzert
for piano . . . SJ 1042 . . . 1500円

イン・メモリー・オヴ・ジョン・ケージ
In Memory of John Cage
for piano . . . SJ 1086 . . . 700円

雲の表情　I, II, III
Cloud Atlas I, II, III
for piano . . . SJ 1025 . . . 1000円

雲の表情　IV, V, VI
『IV. 雲の澪』、『V. 雲霓』、『VI. 雲の瀑』
Cloud Atlas IV, V, VI
"IV. Cloud Vein," "V. Cloud Rainbow" and "VI. Cloud Falls"
for piano . . . SJ 1048 . . . 2000円

雲の表情　VII, VIII, IX
『VII. 雲の錦』、『VIII. 久毛波那礼』、『IX. 雲の潮』
Cloud Atlas VII, VIII, IX
"VII. Cloud Brocade," "VIII. Cloud in the Distance" and "IX. Cloud Current"
for piano . . . SJ 1059 . . . 1400円

雲の表情　X
『X. 雲・空間』
Cloud Atlas X
" X .Cloud in the Space"
for piano . . . SJ 1122 . . . 1000円

幻想曲
Fantasy
for solo organ . . . SJ 1069 . . . 1600円

想像の風景
Imaginary Scenes
for piano . . . SJ 1093 . . . 1300円

二つの存在
Two Existence
for two pianos . . . SJ 1004 . . . 1000円

日本ショット株式会社
東京都千代田区飯田橋 2-9-3　かすがビル 2 階　〒 102-0072
電話 (03) 3263-6530　ファクス (03) 3263-6672

SCHOTT JAPAN COMPANY LTD.
Kasuga Bldg., 2-9-3 Iidabashi, Chiyoda-ku, Tokyo 102-0072
Telephone: (+81) 3-3263-6530　Fax: (+81) 3-3263-6672

（価格に、消費税は含まれていません。）

湯浅譲二《プロジェクション・トポロジク》　　　　●

ピアノのための

初版発行 ———————————————————————— 2002年5月25日

発行 ———————————————————————— 日本ショット株式会社

———————————————————————— 東京都千代田区飯田橋2-9-3　かすがビル2階

———————————————————————— 〒102-0072

———————————————————————— (03)3263-6530

———————————————————————— ISBN 4-89066-439-4

———————————————————————— ISMN M-65001-187-7